Dieses Buch handelt von einer speziellen Trauer. Einer Trauer, die pflegebedürftigen Heimbewohnern häufig nicht zugestanden wird, was die Angst oft noch verstärkt und Verzweiflung angesichts der Ausweglosigkeit hervorruft. Denn der Pfad der Trauer führt über den Verlust zuerst der Gesundheit, dann der Selbstbestimmtheit und zuletzt des eigenen Zuhauses und mündet früher oder später ins Sterben. Das Pflegeheim ist „die letzte Station". Eine Trauerbegleitung dieser Art kann also direkt in eine Sterbebegleitung hinüberwechseln. J. William Wordens Traueraufgabe „Aussicht und Hoffnung auf ein neues Leben" wird in dieser besonderen Situation zum Synonym für den Übergang ins Jenseits.

Es ist mir wichtig zu betonen, dass es mir nicht darum geht, mit Pflegeheimen „abzurechnen" – im Gegenteil. Ich bin nach wie vor als Betreuungskraft in einem Alten- und Pflegeheim beschäftigt. Ich liebe meine Arbeit und schätze das Engagement meiner Kollegen und die Philosophie und Atmosphäre unseres Hauses. Besonders dankbar bin ich, dass meine Mutter mittlerweile hier einziehen konnte, wo ich sie in guten Händen weiß und wir uns – in gesundem Maße – sehr häufig sehen können.

Ann Arrowood, Januar 2016

Ann Arrowood

Ich habe mich verloren

Von der Trauer pflegebedürftiger Heimbewohner
Gedanken und Gedichte

Bibliografische Information der Deutschen Nationalbibliothek:
Die Deutsche Nationalbibliothek verzeichnet diese Publikation in
der Deutschen Nationalbibliografie; detaillierte bibliografische
Daten sind im Internet über http://dnb.dnb.de abrufbar.

© 2016 Ann Arrowood
Herstellung und Verlag:
BoD – Books on Demand, Norderstedt

Dieses Werk einschließlich aller seiner Teile ist urheberrechtlich
geschützt. Jede Verwertung außerhalb der engen Grenzen des
Urheberrechts ist ohne Zustimmung der Autorin unzulässig.

Umschlaggestaltung: Ann Arrowood
Bildnachweis:
Seiten 16, 20, 22, 24, 26, 28, 30, 32 und Cover
Angela Bernhardt, © Werner J. Pohlmann
Seite 37: Privatbesitz Werner J. Pohlmann
Seite 39: Privatbesitz Ann Arrowood

ISBN: 978-3-7392-3295-9

Als Gott sah, dass der Weg zu weit war, der Hügel zu steil und das Atmen zu schwer wurde, nahm er dich in den Arm und sprach: komm heim. *anonym*

für Mami

Inhalt

Über dieses Buch   2

Gedanken

Von der Trauer pflegebedürftiger Heimbewohner   9
Ich habe mich verloren   13

Gedichte

Den Verlust als Realität akzeptieren   14
zuhause I   15
hoffnung   17
Den Schmerz verarbeiten   18
ohnmächtig   19
aufschrei   21
ich habe mich verloren   23
zuhause II   25
sprachlos   27
ausgeliefert   29
aufgelöst I   31
aufgelöst II   33
Aufbruch in ein neues Leben - es darf alles gewesen sein   34
frieden   35

Ann Arrowood und Angela Bernhardt   37

Von der Trauer pflegebedürftiger Heimbewohner

Alltagsbegleiter. So heißen die zusätzlichen Betreuungskräfte, die sich in Alten- und Pflegeheimen, Tagespflege, ambulanter Pflege und anderen Pflegekonstellationen um das seelische, geistige, soziale und körperliche Wohlbefinden solcher Mitmenschen kümmern, die den Alltag nicht mehr ohne Unterstützung bewältigen können. Alltagsbegleiter werden dazu ausgebildet, das zu tun, wofür in der heutigen Gesellschaft im „normalen Alltag" kaum noch Raum und Zeit vorhanden sind: Zuhören, für Sorgen und Nöte zur Verfügung stehen, Freud' und Leid teilen und dadurch Ängste nehmen, ein Gefühl von Sicherheit und Geborgenheit vermitteln. Manchmal – sehr oft sogar – reicht es, „einfach nur da" zu sein.

In der Eigenschaft als Alltagsbegleiterin werde ich immer wieder mit einem großen Thema konfrontiert: der Trauer. Einer Trauer, die oftmals unterschätzt oder überhaupt nicht ernst genommen wird. Denn wer im normalen Alltag nicht mehr alleine klar kommt, hat häufig keine andere Wahl, als ins Heim zu gehen. Alle Außenstehenden finden das ganz normal, ganz natürlich, unvermeidlich. Es ist schließlich für alle das Beste. Die Betroffenen selbst werden oft gar nicht gefragt. Es wird selbstverständlich von ihnen erwartet, dass sie die Notwendigkeit dieses Schrittes einsehen. Dazu kommt die Sorge der Betroffenen, den Angehörigen sonst zur Last zu werden.

Ihr Leben als individuelle, eigenständige Persönlichkeit ist damit so gut wie vorbei; es wird nie wieder werden, wie es war. Aus Selbstständigkeit wird Abhängigkeit, die eigenen, liebgewonnenen Gewohnheiten und Rituale müssen sich nun den mit dem Pflegealltag verbundenen, logistisch notwendigen Gepflogenheiten unterordnen oder ganz eingestellt werden. Vielerorts wird bereits versucht, die hausinternen Abläufe den individuellen Bedürfnissen der Bewohner anzupassen. Die gute Absicht stimmt hoffnungsvoll, doch der Weg ist noch weit, denn die Arbeitsabläufe in Pflege, Küche und Hauswirtschaft müssen neu strukturiert werden, damit die Arbeit trotzdem geschafft wird - von den leider all zu oft notwendigen Einschränkungen durch Sparmaßnahmen mal ganz zu schweigen...

Das Leben im Heim ist so ganz anders als das, was wir uns alle für unseren „Ruhestand" vorstellen: endlich all das tun und lassen zu können, was wir uns während unseres langen, arbeitsamen, stressigen und atemlosen Dahinrasens durch die Zeit versagen mussten. Und die Kriegsgeneration, die momentan hauptsächlich die Heime bevölkert, hat noch ganz andere Ängste und Traumata im Gepäck. Unsere Eltern und Großeltern mussten so viel schultern, so viel ertragen, sich mit so wenig begnügen und sich für uns selbstverständlicher Dinge entsagen. Nun, da sie alt, gebrechlich und auf Hilfe angewiesen sind, bekommen sie (wenn sie sich denn mal trauen, einen Wunsch zu äußern) nicht selten zu hören, sie seien „hier schließlich nicht im Hotel".

Diese unsere Mitmenschen haben in den meisten Fällen nicht nur ihre Gesundheit verloren, sondern auch ihre Entscheidungsfreiheit, ihre Selbstständigkeit, ihr Zuhause, ihr Leben, ihre Zukunft und ihre Hoffnung. Können Sie sich dieses Leid vorstellen, diesen Verlust, diese „aberkannte" Trauer?

Und wie sollen wir, die wir dafür da sind, all diese ungeweinten Tränen trocknen? Als ausgebildete „Seelfrau" habe ich gelernt, Menschen dabei zu unterstützen, ihre Trauer zuzulassen. In diesem speziellen Fall geht es aber noch darüber hinaus, denn hier gilt es, zuallererst den Betroffenen aufzuzeigen, *dass* sie trauern, und zwar zu Recht. Ihren großen Verlust anzuerkennen und mit ihnen gemeinsam diesen Schmerz auszuhalten und zu verarbeiten. Wir können nicht „ihr Leben retten", wir können ihnen auch nicht ihr Zuhause ersetzen. Aber wir können sie durch diese letzte Phase ihres Lebens begleiten, ihre Seele trösten, ihnen eventuell sogar dabei helfen, ihren Frieden zu finden. Wir können ihnen alle Würde, Wertschätzung und Herzenswärme entgegen bringen, die sie als Mensch verdienen. Einfach nur da sein, eine Hand halten. Damit sie sich ein bisschen weniger verloren fühlen.

Ich habe mich verloren

Diese kleine Gedichtsammlung entstand während meiner Ausbildung zur Seelfrau. Die Gedichte spiegeln Sehnsucht, Hoffnung, Trauer, Verzweiflung, Ohnmacht, Depression, Zorn und Resignation im ständigen Wechsel – so, wie ich es oft bei den von mir betreuten Bewohnern erlebe. Gleichzeitig ist an den Gedichten auch abzulesen, welche der vier Traueraufgaben (in Anlehnung an das Modell des Trauerforschers J. William Worden) gerade bewältigt werden, wobei die dritte Traueraufgabe, „Sich an eine Welt ohne die verstorbene Person [hier: ohne mein früheres Leben, mein Zuhause] anpassen", gar keine Berücksichtigung gefunden hat. Ich habe diese Traueraufgaben auf der jeweils gegenüberliegenden Seite kurz erläutert.

Dazwischen und auf dem Cover sind Zeichnungen der Hamburger Künstlerin Angela Bernhardt (1954-2006) zu sehen. Ich danke ihrem Lebenspartner Werner J. Pohlmann, bei dem die Rechte liegen und der mir die Nutzung gestattet hat.

Den Verlust als Realität akzeptieren

Diese Traueraufgabe steht häufig am Anfang, kann aber immer wieder zwischendurch auftreten. Die Betroffenen stehen, nachdem sie meist ohne Vorwarnung aus ihrem bisherigen Leben herausgerissen und „umgepflanzt" wurden, regelrecht unter Schock. Sie können weder die vollendeten Tatsachen, vor die sie gestellt werden, realisieren, noch die Tragweite, die Endgültigkeit erkennen, geschweige denn den Verlust ihres bisherigen Daseins akzeptieren. Sie fühlen sich „wie vor den Kopf geschlagen", hoffen auf ein frohes Erwachen aus einem bösen Traum, retten sich in Phantasien, die mit den realen Umständen, die zu diesem fatalen Schritt geführt haben, oft nichts gemein haben.

zuhause I

deine wohnung gibt's nicht mehr
dein zuhause ist jetzt hier
hast doch all dein zeug bei dir
bilder, tisch und stuhl - schau her

hier bist du gut aufgehoben
bist jetzt auch nicht mehr allein
viele andre gibt's im heim
hör, wie sie das essen loben

wirst dich schnell hier eingewöhnen
achten auf dich tag und nacht
bett und wäsche wird gemacht
ruh dich aus, lass dich verwöhnen

Den Verlust als Realität akzeptieren

hoffnung

das kann nicht sein
ich hab das nur geträumt
bestimmt kann ich schon bald
wieder nach haus

es ist nur schein
hab den moment versäumt
bald find ich wieder halt
noch ist nicht alles aus

gleich morgen holt mich ganz bestimmt
mein mann, die tochter oder sohn
sie lassen mich ganz sicher nicht im stich
ICH MUSS HIER RAUS

ich muss hier ja nicht bleiben
ich ruf mir einfach mal ein taxi
zur alten wohnung – bitte, lasst mich gehn
ich fahr zurück nach haus

Den Schmerz verarbeiten

Irgendwann bricht das Wolkenschloss der Hoffnung zusammen, das die Trauernden sich zum Schutz ihrer Seele gebaut haben. Der Sturz führt zum Aufbrechen von Gefühlen – der Schmerz dringt ins Bewusstsein vor und verlangt Gehör. Wut, Verzweiflung, Aggressionen, aber auch Rückzug in eine Depression sind typisch für diese Phase. Sie versuchen sich selbst mit Floskeln über Wasser zu halten: *Es ist schon besser so. Die Miete war sowieso zu hoch* usw. Oder sie schotten sich völlig ab und lassen nichts und niemanden an sich heran.

ohnmächtig

W wohnungslos – wortlos – wertlos

A ausgemustert – abhängig – allein

R ratlos – renitent – ruhiggestellt

U unterlegen – überflüssig – undankbar

M mittellos – müde – machtlos

Den Schmerz verarbeiten

aufschrei

hilfe! hört das niemals auf
schicksal, ende meinen lauf
bitte, gott, gib endlich ruh
wo bist du

bomben, krieg und hungersnot
eiseskälte, angst und tod
flucht – hab kein zuhause mehr
herz ist schwer

ehe, tochter, neues land
neue freunde, anerkannt
scheidung – sonnenland ade
tut so weh

tochter, ehe, kleiner sohn
vatis tod und depression
tiefe wunden, unverheilt
seele schreit

krankheit, schmerzen ohne zahl
mehren meine seelenqual
bitte, gott, hol mich nach haus
halt's nicht aus

körper, geist und seele wund
todessehnsucht tu ich kund –
und bin wieder heimatlos
nackt und bloß

einzelzimmer, bilder, zeug
sind, was von mir übrig bleibt
fremde dauernd nach mir sehn,
kommen – gehn

hilfe! hört mich niemand schrei'n
ich hab angst – bin ich allein?
bitte, gott, halt meine händ
mach ein end

Den Schmerz verarbeiten

ich habe mich verloren

ich hab mein zuhause verloren
sie sagen, es ging so nicht mehr
ich konnte sehr wohl für mich sorgen
hier fühl ich mich einsam und leer

ich hab meine zukunft verloren
was soll ich jetzt noch tun
ich wälze im kopf alle sorgen
während die hände ruh'n

ich habe mich verloren
bin niemand mehr, bin stumm
als wär ich nie geboren
wann ist mein leiden um

Den Verlust als Realität akzeptieren

Auch noch nach Jahren kann es sein, dass sich Trauernde wieder in ein Wolkenschloss flüchten, in dem alles so wie früher ist und alles wieder gut wird. An die negativen Umstände, die zu dem Verlust des Zuhauses geführt haben, wird sich dann nicht mehr erinnert.

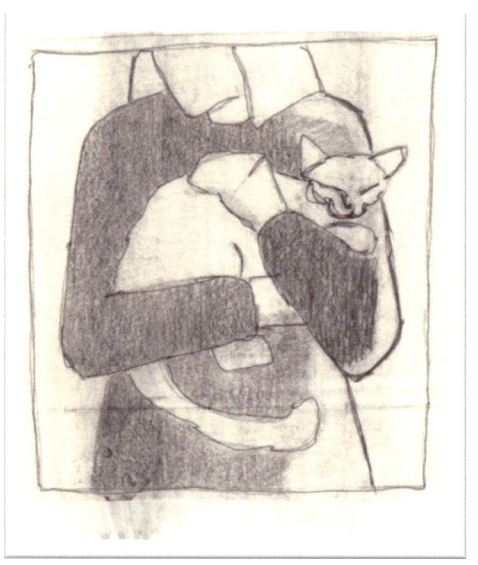

zuhause II

warm, vertraut, gemütlichkeit
lieb und leid, geborgenheit
gemeinsam und allein
privat, mein eignes reich
gehegt, gepflegt, nicht immer aufgeräumt
oft umgeräumt
dies bild, der sessel, jener vorhang
zehn lesebrillen, gut verteilt
ich kenn und liebe jeden winkel

ein widerhall von lachen, frohe stunden
familie, freunde, nachbarn
und auch stille
in der kuschelecke sitzen
stundenlang, blick ins grüne
einfach nur genießen
mit tee und buch
und dann die katzen
meine tröster und vertrauten

warum konnt ich nicht bleiben, wo ich war
wo meine seele ist, mein herz

zuhause

Den Schmerz verarbeiten

sprachlos

wörter, silben, sätze
wirbeln durch mein hirn
fahren gedankenkarussell
ich formuliere um und um
argumente, widerworte
hilferufe
fragen über fragen
kann kaum noch denken
vor lauter gedanken
und jeder versuch, sie zu äußern
endet
in unverständlichem stammeln
im lautlosen aufschrei
ich beiße die zähne zusammen
und bleibe stumm

Den Schmerz verarbeiten

ausgeliefert

ausgeliefert
eingekesselt
namen - stimmen - köpfe
alle wollen was von mir

ratlos
rastlos
machtlos - ohne stimme
wie ein gefang'nes tier

lasst mich allein
ihr macht mir angst

was hält mich bloß noch hier

Den Schmerz verarbeiten

aufgelöst I

ein traum
ein baum
vogel am blauen himmel
wo bin ich
wo gehöre ich hin

aufgelöst

vom wind verstreut
überflüssig
lästig
zukunftslos
ein nichts

Den Schmerz verarbeiten

aufgelöst II

sterbensmüde
lebensschwer
lasst mich gehn
ich will nicht mehr

lebensmüde
sterbensschwer
untergehn
ich kann nicht mehr

leben, sterben
ohne wehr
ungesehn
ich bin nicht mehr

Aufbruch in ein neues Leben - es darf alles gewesen sein

Pflegebedürftige Heimbewohner, um die es hier ja geht, haben kaum Aussicht auf ein „neues Leben" im irdischen Sinne. Für sie ist es wichtig, den Weg zu ihrem „nichtirdischen" neuen Leben so angenehm und schmerzfrei wie möglich hinter sich zu bringen. In der Hoffnung auf ein neues Zuhause im Jenseits, wo alles wieder gut wird. Wie wunderbar, wenn sie es schaffen, innere Ruhe zu erlangen und ihren Frieden mit der für sie ausweglosen Situation der Pflegebedürftigkeit und Abhängigkeit im Heim zu machen. Dann gelingt es ihnen auch, versöhnt zurückzublicken auf alles, was war und wie es war.

frieden

dahin schweben
nichts mehr spüren
gedanken ziehen wie nebel vorbei

keine last
und kein empfinden
alles ist mir einerlei

duft wird schwächer
stimmen leiser
kaum dringt etwas an mein ohr

ruhen, schweigen
licht kommt näher
kommt mir wie im himmel vor

Ann Arrowood wurde 1957 in Long Beach, Kalifornien geboren. 1966 kam sie nach Hamburg, wo sie nach dem Abitur Gesang studierte. Ihr Ziel: die Opernbühne. Nach knapp 10 Jahren verabschiedete sie sich von diesem Traum. Rückblickend ist sie überzeugt, dass diese Entscheidung so richtig und gut war; der Gesang ist jedoch bis heute ein wichtiger Bestandteil ihres Lebens und kommt nun, nach Kirchenchor und kleinen solistischen Auftritten, im Alten- und Pflegeheim regelmäßig zum Einsatz. Als ihre Mutter aus gesundheitlichen Gründen „ins Heim musste", schulte Ann Arrowood, nach langer Tätigkeit erst im Einzelhandel und dann im Büro, zur Alltagsbegleiterin um und machte die Ausbildung zur „Seelfrau". Zudem ist sie seit 2015 als freie Dozentin an der Ausbildung von Alltagsbegleitern beteiligt.

Angela Bernhardt wurde 1954 in Hamburg geboren. Nach einer Ausbildung zur Kartografin besuchte sie die Fachoberschule für Gestaltung und schloss ein Studium für Kommunikationsdesign, Schwerpunkt Illustration, in Hildesheim und Hamburg an. In späteren Jahren war Angela Bernhardt als Altenpflegerin in der häuslichen Pflege tätig und begleitete auch Sterbende.
Im Januar 2006 verstarb Angela Bernhardt an den Folgen einer nicht erkannten Herzerkrankung.